THIS BOOK BELONGS TO:

_____

_____

_____

Email : _____   Email : _____

Website : _____   Website : _____

Username : _____   Username : _____

Password : _____   Password : _____

NOTES :

NOTES :

Email : _____   Email : _____

Website : _____   Website : _____

Username : _____   Username : _____

Password : _____   Password : _____

NOTES :

NOTES :

Email : _____   Email : _____

Website : _____   Website : _____

Username : _____   Username : _____

Password : _____   Password : _____

NOTES :

NOTES :

Email : _____   Email : _____

Website : _____   Website : _____

Username : _____   Username : _____

Password : _____   Password : _____

NOTES :

NOTES :

Email : _____

Website : _____

Username : _____

Password : _____

NOTES :

Email : _____

Website : _____

Username : _____

Password : _____

NOTES :

Email : _____

Website : _____

Username : _____

Password : _____

NOTES :

Email : _____

Website : _____

Username : _____

Password : _____

NOTES :

Email : _____

Website : _____

Username : _____

Password : _____

NOTES :

Email : _____

Website : _____

Username : _____

Password : _____

NOTES :

Email : _____

Website : _____

Username : _____

Password : _____

NOTES :

Email : _____

Website : _____

Username : _____

Password : _____

NOTES :

Email : _____

Website : _____

Username : _____

Password : _____

NOTES :

Email : _____

Website : _____

Username : _____

Password : _____

NOTES :

Email : _____

Website : _____

Username : _____

Password : _____

NOTES :

Email : _____

Website : _____

Username : _____

Password : _____

NOTES :

Email : _____

Website : _____

Username : _____

Password : _____

NOTES :

Email : _____

Website : _____

Username : _____

Password : _____

NOTES :

Email : _____

Website : _____

Username : _____

Password : _____

NOTES :

Email : _____

Website : _____

Username : _____

Password : _____

NOTES :

Email : _____

Website : _____

Username : _____

Password : _____

NOTES :

Email : _____

Website : _____

Username : _____

Password : _____

NOTES :

Email : _____

Website : _____

Username : _____

Password : _____

NOTES :

Email : _____

Website : _____

Username : _____

Password : _____

NOTES :

Email : _____

Website : _____

Username : _____

Password : _____

NOTES :

Email : _____

Website : _____

Username : _____

Password : _____

NOTES :

Email : _____

Website : _____

Username : _____

Password : _____

NOTES :

Email : _____

Website : _____

Username : _____

Password : _____

NOTES :

Email :

Website :

Username :

Password :

NOTES :

Email :

Website :

Username :

Password :

NOTES :

Email :

Website :

Username :

Password :

NOTES :

Email :

Website :

Username :

Password :

NOTES :

Email :

Website :

Username :

Password :

NOTES :

Email :

Website :

Username :

Password :

NOTES :

Email :

Website :

Username :

Password :

NOTES :

Email :

Website :

Username :

Password :

NOTES :

Email : _____
Website : _____
Username : _____
Password : _____

NOTES :

Email : _____
Website : _____
Username : _____
Password : _____

NOTES :

Email : _____
Website : _____
Username : _____
Password : _____

NOTES :

Email : _____
Website : _____
Username : _____
Password : _____

NOTES :

Email : _____
Website : _____
Username : _____
Password : _____

NOTES :

Email : _____
Website : _____
Username : _____
Password : _____

NOTES :

Email : _____
Website : _____
Username : _____
Password : _____

NOTES :

Email : _____
Website : _____
Username : _____
Password : _____

NOTES :

Email : _____

Website : _____

Username : _____

Password : _____

NOTES :

Email : _____

Website : _____

Username : _____

Password : _____

NOTES :

Email : _____

Website : _____

Username : _____

Password : _____

NOTES :

Email : _____

Website : _____

Username : _____

Password : _____

NOTES :

Email : _____

Website : _____

Username : _____

Password : _____

NOTES :

Email : _____

Website : _____

Username : _____

Password : _____

NOTES :

Email : _____

Website : _____

Username : _____

Password : _____

NOTES :

Email : _____

Website : _____

Username : _____

Password : _____

NOTES :

Email : _____   Email : _____

Website : _____   Website : _____

Username : _____   Username : _____

Password : _____   Password : _____

NOTES :   NOTES :

Email : _____   Email : _____

Website : _____   Website : _____

Username : _____   Username : _____

Password : _____   Password : _____

NOTES :   NOTES :

Email : _____   Email : _____

Website : _____   Website : _____

Username : _____   Username : _____

Password : _____   Password : _____

NOTES :   NOTES :

Email : _____   Email : _____

Website : _____   Website : _____

Username : _____   Username : _____

Password : _____   Password : _____

NOTES :   NOTES :

Email : _____
Website : _____
Username : _____
Password : _____

NOTES :

Email : _____
Website : _____
Username : _____
Password : _____

NOTES :

Email : _____
Website : _____
Username : _____
Password : _____

NOTES :

Email : _____
Website : _____
Username : _____
Password : _____

NOTES :

Email : _____
Website : _____
Username : _____
Password : _____

NOTES :

Email : _____
Website : _____
Username : _____
Password : _____

NOTES :

Email : _____
Website : _____
Username : _____
Password : _____

NOTES :

Email : _____
Website : _____
Username : _____
Password : _____

NOTES :

Email : _____
Website : _____
Username : _____
Password : _____

NOTES :

Email : _____
Website : _____
Username : _____
Password : _____

NOTES :

Email : _____
Website : _____
Username : _____
Password : _____

NOTES :

Email : _____
Website : _____
Username : _____
Password : _____

NOTES :

Email : _____
Website : _____
Username : _____
Password : _____

NOTES :

Email : _____
Website : _____
Username : _____
Password : _____

NOTES :

Email : _____
Website : _____
Username : _____
Password : _____

NOTES :

Email : _____
Website : _____
Username : _____
Password : _____

NOTES :

Email : _____

Website : _____

Username : _____

Password : _____

NOTES :

Email : _____

Website : _____

Username : _____

Password : _____

NOTES :

Email : _____

Website : _____

Username : _____

Password : _____

NOTES :

Email : _____

Website : _____

Username : _____

Password : _____

NOTES :

Email : _____

Website : _____

Username : _____

Password : _____

NOTES :

Email : _____

Website : _____

Username : _____

Password : _____

NOTES :

Email : _____

Website : _____

Username : _____

Password : _____

NOTES :

Email : _____

Website : _____

Username : _____

Password : _____

NOTES :

Email :

Website :

Username :

Password :

NOTES :

Email :

Website :

Username :

Password :

NOTES :

Email :

Website :

Username :

Password :

NOTES :

Email :

Website :

Username :

Password :

NOTES :

Email :

Website :

Username :

Password :

NOTES :

Email :

Website :

Username :

Password :

NOTES :

Email :

Website :

Username :

Password :

NOTES :

Email :

Website :

Username :

Password :

NOTES :

Email : _____
Website : _____
Username : _____
Password : _____

NOTES :

Email : _____
Website : _____
Username : _____
Password : _____

NOTES :

Email : _____
Website : _____
Username : _____
Password : _____

NOTES :

Email : _____
Website : _____
Username : _____
Password : _____

NOTES :

Email : _____
Website : _____
Username : _____
Password : _____

NOTES :

Email : _____
Website : _____
Username : _____
Password : _____

NOTES :

Email : _____
Website : _____
Username : _____
Password : _____

NOTES :

Email : _____
Website : _____
Username : _____
Password : _____

NOTES :

Email : _____

Website : _____

Username : _____

Password : _____

NOTES :

Email : _____

Website : _____

Username : _____

Password : _____

NOTES :

Email : _____

Website : _____

Username : _____

Password : _____

NOTES :

Email : _____

Website : _____

Username : _____

Password : _____

NOTES :

Email : _____

Website : _____

Username : _____

Password : _____

NOTES :

Email : _____

Website : _____

Username : _____

Password : _____

NOTES :

Email : _____

Website : _____

Username : _____

Password : _____

NOTES :

Email : _____

Website : _____

Username : _____

Password : _____

NOTES :

Email : _____

Website : _____

Username : _____

Password : _____

NOTES :

Email : _____

Website : _____

Username : _____

Password : _____

NOTES :

Email : _____

Website : _____

Username : _____

Password : _____

NOTES :

Email : _____

Website : _____

Username : _____

Password : _____

NOTES :

Email : _____

Website : _____

Username : _____

Password : _____

NOTES :

Email : _____

Website : _____

Username : _____

Password : _____

NOTES :

Email : _____

Website : _____

Username : _____

Password : _____

NOTES :

Email : _____

Website : _____

Username : _____

Password : _____

NOTES :

Email :

Website :

Username :

Password :

NOTES :

Email :

Website :

Username :

Password :

NOTES :

Email :

Website :

Username :

Password :

NOTES :

Email :

Website :

Username :

Password :

NOTES :

Email :

Website :

Username :

Password :

NOTES :

Email :

Website :

Username :

Password :

NOTES :

Email :

Website :

Username :

Password :

NOTES :

Email :

Website :

Username :

Password :

NOTES :

Email :

Website :

Username :

Password :

NOTES :

Email :

Website :

Username :

Password :

NOTES :

Email :

Website :

Username :

Password :

NOTES :

Email :

Website :

Username :

Password :

NOTES :

Email :

Website :

Username :

Password :

NOTES :

Email :

Website :

Username :

Password :

NOTES :

Email :

Website :

Username :

Password :

NOTES :

Email :

Website :

Username :

Password :

NOTES :

Email : _____

Website : _____

Username : _____

Password : _____

NOTES :

Email : _____

Website : _____

Username : _____

Password : _____

NOTES :

Email : _____

Website : _____

Username : _____

Password : _____

NOTES :

Email : _____

Website : _____

Username : _____

Password : _____

NOTES :

Email : _____

Website : _____

Username : _____

Password : _____

NOTES :

Email : _____

Website : _____

Username : _____

Password : _____

NOTES :

Email : _____

Website : _____

Username : _____

Password : _____

NOTES :

Email : _____

Website : _____

Username : _____

Password : _____

NOTES :

Email :

Website :

Username :

Password :

NOTES :

Email :

Website :

Username :

Password :

NOTES :

Email :

Website :

Username :

Password :

NOTES :

Email :

Website :

Username :

Password :

NOTES :

Email :

Website :

Username :

Password :

NOTES :

Email :

Website :

Username :

Password :

NOTES :

Email :

Website :

Username :

Password :

NOTES :

Email :

Website :

Username :

Password :

NOTES :

Email : _____   Email : _____

Website : _____   Website : _____

Username : _____   Username : _____

Password : _____   Password : _____

NOTES :	NOTES :

Email : _____   Email : _____

Website : _____   Website : _____

Username : _____   Username : _____

Password : _____   Password : _____

NOTES :	NOTES :

Email : _____   Email : _____

Website : _____   Website : _____

Username : _____   Username : _____

Password : _____   Password : _____

NOTES :	NOTES :

Email : _____   Email : _____

Website : _____   Website : _____

Username : _____   Username : _____

Password : _____   Password : _____

NOTES :	NOTES :

Email :

Website :

Username :

Password :

NOTES :

Email :

Website :

Username :

Password :

NOTES :

Email :

Website :

Username :

Password :

NOTES :

Email :

Website :

Username :

Password :

NOTES :

Email :

Website :

Username :

Password :

NOTES :

Email :

Website :

Username :

Password :

NOTES :

Email :

Website :

Username :

Password :

NOTES :

Email :

Website :

Username :

Password :

NOTES :

Email :

Website :

Username :

Password :

NOTES :

Email :

Website :

Username :

Password :

NOTES :

Email :

Website :

Username :

Password :

NOTES :

Email :

Website :

Username :

Password :

NOTES :

Email :

Website :

Username :

Password :

NOTES :

Email :

Website :

Username :

Password :

NOTES :

Email :

Website :

Username :

Password :

NOTES :

Email :

Website :

Username :

Password :

NOTES :

Email :

Website :

Username :

Password :

NOTES :

Email :

Website :

Username :

Password :

NOTES :

Email :

Website :

Username :

Password :

NOTES :

Email :

Website :

Username :

Password :

NOTES :

Email :

Website :

Username :

Password :

NOTES :

Email :

Website :

Username :

Password :

NOTES :

Email :

Website :

Username :

Password :

NOTES :

Email :

Website :

Username :

Password :

NOTES :

Email :

Website :

Username :

Password :

NOTES :

Email :

Website :

Username :

Password :

NOTES :

Email :

Website :

Username :

Password :

NOTES :

Email :

Website :

Username :

Password :

NOTES :

Email :

Website :

Username :

Password :

NOTES :

Email :

Website :

Username :

Password :

NOTES :

Email :

Website :

Username :

Password :

NOTES :

Email :

Website :

Username :

Password :

NOTES :

Email : _____   Email : _____

Website : _____   Website : _____

Username : _____   Username : _____

Password : _____   Password : _____

NOTES :   NOTES :

Email : _____   Email : _____

Website : _____   Website : _____

Username : _____   Username : _____

Password : _____   Password : _____

NOTES :   NOTES :

Email : _____   Email : _____

Website : _____   Website : _____

Username : _____   Username : _____

Password : _____   Password : _____

NOTES :   NOTES :

Email : _____   Email : _____

Website : _____   Website : _____

Username : _____   Username : _____

Password : _____   Password : _____

NOTES :   NOTES :

Email : _____

Website : _____

Username : _____

Password : _____

```
NOTES :
```

Email : _____

Website : _____

Username : _____

Password : _____

```
NOTES :
```

Email : _____

Website : _____

Username : _____

Password : _____

```
NOTES :
```

Email : _____

Website : _____

Username : _____

Password : _____

```
NOTES :
```

Email : _____

Website : _____

Username : _____

Password : _____

```
NOTES :
```

Email : _____

Website : _____

Username : _____

Password : _____

```
NOTES :
```

Email : _____

Website : _____

Username : _____

Password : _____

```
NOTES :
```

Email : _____

Website : _____

Username : _____

Password : _____

```
NOTES :
```

Email :

Website :

Username :

Password :

NOTES :

Email :

Website :

Username :

Password :

NOTES :

Email :

Website :

Username :

Password :

NOTES :

Email :

Website :

Username :

Password :

NOTES :

Email :

Website :

Username :

Password :

NOTES :

Email :

Website :

Username :

Password :

NOTES :

Email :

Website :

Username :

Password :

NOTES :

Email :

Website :

Username :

Password :

NOTES :

Email : _____

Website : _____

Username : _____

Password : _____

NOTES :

Email : _____

Website : _____

Username : _____

Password : _____

NOTES :

Email : _____

Website : _____

Username : _____

Password : _____

NOTES :

Email : _____

Website : _____

Username : _____

Password : _____

NOTES :

Email : _____

Website : _____

Username : _____

Password : _____

NOTES :

Email : _____

Website : _____

Username : _____

Password : _____

NOTES :

Email : _____

Website : _____

Username : _____

Password : _____

NOTES :

Email : _____

Website : _____

Username : _____

Password : _____

NOTES :

Email : _____

Website : _____

Username : _____

Password : _____

NOTES :

Email : _____

Website : _____

Username : _____

Password : _____

NOTES :

Email : _____

Website : _____

Username : _____

Password : _____

NOTES :

Email : _____

Website : _____

Username : _____

Password : _____

NOTES :

Email : _____

Website : _____

Username : _____

Password : _____

NOTES :

Email : _____

Website : _____

Username : _____

Password : _____

NOTES :

Email : _____

Website : _____

Username : _____

Password : _____

NOTES :

Email : _____

Website : _____

Username : _____

Password : _____

NOTES :

Email : _____

Website : _____

Username : _____

Password : _____

NOTES :

Email : _____

Website : _____

Username : _____

Password : _____

NOTES :

Email : _____

Website : _____

Username : _____

Password : _____

NOTES :

Email : _____

Website : _____

Username : _____

Password : _____

NOTES :

Email : _____

Website : _____

Username : _____

Password : _____

NOTES :

Email : _____

Website : _____

Username : _____

Password : _____

NOTES :

Email : _____

Website : _____

Username : _____

Password : _____

NOTES :

Email : _____

Website : _____

Username : _____

Password : _____

NOTES :

Email :

Website :

Username :

Password :

NOTES :

Email :

Website :

Username :

Password :

NOTES :

Email :

Website :

Username :

Password :

NOTES :

Email :

Website :

Username :

Password :

NOTES :

Email :

Website :

Username :

Password :

NOTES :

Email :

Website :

Username :

Password :

NOTES :

Email :

Website :

Username :

Password :

NOTES :

Email :

Website :

Username :

Password :

NOTES :

Email : _____   Email : _____

Website : _____   Website : _____

Username : _____   Username : _____

Password : _____   Password : _____

┌─────────────────────────────┐   ┌─────────────────────────────┐
│   NOTES :   │   │   NOTES :   │
│   │   │   │
│   │   │   │
│   │   │   │
└─────────────────────────────┘   └─────────────────────────────┘

Email : _____   Email : _____

Website : _____   Website : _____

Username : _____   Username : _____

Password : _____   Password : _____

┌─────────────────────────────┐   ┌─────────────────────────────┐
│   NOTES :   │   │   NOTES :   │
│   │   │   │
│   │   │   │
│   │   │   │
└─────────────────────────────┘   └─────────────────────────────┘

Email : _____   Email : _____

Website : _____   Website : _____

Username : _____   Username : _____

Password : _____   Password : _____

┌─────────────────────────────┐   ┌─────────────────────────────┐
│   NOTES :   │   │   NOTES :   │
│   │   │   │
│   │   │   │
│   │   │   │
└─────────────────────────────┘   └─────────────────────────────┘

Email : _____   Email : _____

Website : _____   Website : _____

Username : _____   Username : _____

Password : _____   Password : _____

┌─────────────────────────────┐   ┌─────────────────────────────┐
│   NOTES :   │   │   NOTES :   │
│   │   │   │
│   │   │   │
│   │   │   │
└─────────────────────────────┘   └─────────────────────────────┘

Email : _____
Website : _____
Username : _____
Password : _____

NOTES :

Email : _____
Website : _____
Username : _____
Password : _____

NOTES :

Email : _____
Website : _____
Username : _____
Password : _____

NOTES :

Email : _____
Website : _____
Username : _____
Password : _____

NOTES :

Email : _____
Website : _____
Username : _____
Password : _____

NOTES :

Email : _____
Website : _____
Username : _____
Password : _____

NOTES :

Email : _____
Website : _____
Username : _____
Password : _____

NOTES :

Email : _____
Website : _____
Username : _____
Password : _____

NOTES :

Email : _____

Website : _____

Username : _____

Password : _____

NOTES :

Email : _____

Website : _____

Username : _____

Password : _____

NOTES :

Email : _____

Website : _____

Username : _____

Password : _____

NOTES :

Email : _____

Website : _____

Username : _____

Password : _____

NOTES :

Email : _____

Website : _____

Username : _____

Password : _____

NOTES :

Email : _____

Website : _____

Username : _____

Password : _____

NOTES :

Email : _____

Website : _____

Username : _____

Password : _____

NOTES :

Email : _____

Website : _____

Username : _____

Password : _____

NOTES :

Email :

Website :

Username :

Password :

NOTES :

Email :

Website :

Username :

Password :

NOTES :

Email :

Website :

Username :

Password :

NOTES :

Email :

Website :

Username :

Password :

NOTES :

Email :

Website :

Username :

Password :

NOTES :

Email :

Website :

Username :

Password :

NOTES :

Email :

Website :

Username :

Password :

NOTES :

Email :

Website :

Username :

Password :

NOTES :

Email : _____

Website : _____

Username : _____

Password : _____

NOTES :

Email : _____

Website : _____

Username : _____

Password : _____

NOTES :

Email : _____

Website : _____

Username : _____

Password : _____

NOTES :

Email : _____

Website : _____

Username : _____

Password : _____

NOTES :

Email : _____

Website : _____

Username : _____

Password : _____

NOTES :

Email : _____

Website : _____

Username : _____

Password : _____

NOTES :

Email : _____

Website : _____

Username : _____

Password : _____

NOTES :

Email : _____

Website : _____

Username : _____

Password : _____

NOTES :

Email : _____

Website : _____

Username : _____

Password : _____

NOTES :

Email : _____

Website : _____

Username : _____

Password : _____

NOTES :

Email : _____

Website : _____

Username : _____

Password : _____

NOTES :

Email : _____

Website : _____

Username : _____

Password : _____

NOTES :

Email : _____

Website : _____

Username : _____

Password : _____

NOTES :

Email : _____

Website : _____

Username : _____

Password : _____

NOTES :

Email : _____

Website : _____

Username : _____

Password : _____

NOTES :

Email : _____

Website : _____

Username : _____

Password : _____

NOTES :

Email :

Website :

Username :

Password :

NOTES :

Email :

Website :

Username :

Password :

NOTES :

Email :

Website :

Username :

Password :

NOTES :

Email :

Website :

Username :

Password :

NOTES :

Email :

Website :

Username :

Password :

NOTES :

Email :

Website :

Username :

Password :

NOTES :

Email :

Website :

Username :

Password :

NOTES :

Email :

Website :

Username :

Password :

NOTES :

Email : _____ Email : _____

Website : _____ Website : _____

Username : _____ Username : _____

Password : _____ Password : _____

NOTES :

NOTES :

Email : _____ Email : _____

Website : _____ Website : _____

Username : _____ Username : _____

Password : _____ Password : _____

NOTES :

NOTES :

Email : _____ Email : _____

Website : _____ Website : _____

Username : _____ Username : _____

Password : _____ Password : _____

NOTES :

NOTES :

Email : _____ Email : _____

Website : _____ Website : _____

Username : _____ Username : _____

Password : _____ Password : _____

NOTES :

NOTES :

Email : _____

Website : _____

Username : _____

Password : _____

NOTES :

Email : _____

Website : _____

Username : _____

Password : _____

NOTES :

Email : _____

Website : _____

Username : _____

Password : _____

NOTES :

Email : _____

Website : _____

Username : _____

Password : _____

NOTES :

Email : _____

Website : _____

Username : _____

Password : _____

NOTES :

Email : _____

Website : _____

Username : _____

Password : _____

NOTES :

Email : _____

Website : _____

Username : _____

Password : _____

NOTES :

Email : _____

Website : _____

Username : _____

Password : _____

NOTES :

Email : _____

Website : _____

Username : _____

Password : _____

NOTES :

Email : _____

Website : _____

Username : _____

Password : _____

NOTES :

Email : _____

Website : _____

Username : _____

Password : _____

NOTES :

Email : _____

Website : _____

Username : _____

Password : _____

NOTES :

Email : _____

Website : _____

Username : _____

Password : _____

NOTES :

Email : _____

Website : _____

Username : _____

Password : _____

NOTES :

Email : _____

Website : _____

Username : _____

Password : _____

NOTES :

Email : _____

Website : _____

Username : _____

Password : _____

NOTES :

Email : _____

Website : _____

Username : _____

Password : _____

NOTES :

Email : _____

Website : _____

Username : _____

Password : _____

NOTES :

Email : _____

Website : _____

Username : _____

Password : _____

NOTES :

Email : _____

Website : _____

Username : _____

Password : _____

NOTES :

Email : _____

Website : _____

Username : _____

Password : _____

NOTES :

Email : _____

Website : _____

Username : _____

Password : _____

NOTES :

Email : _____

Website : _____

Username : _____

Password : _____

NOTES :

Email : _____

Website : _____

Username : _____

Password : _____

NOTES :

Email : _____

Website : _____

Username : _____

Password : _____

NOTES :

Email : _____

Website : _____

Username : _____

Password : _____

NOTES :

Email : _____

Website : _____

Username : _____

Password : _____

NOTES :

Email : _____

Website : _____

Username : _____

Password : _____

NOTES :

Email : _____

Website : _____

Username : _____

Password : _____

NOTES :

Email : _____

Website : _____

Username : _____

Password : _____

NOTES :

Email : _____

Website : _____

Username : _____

Password : _____

NOTES :

Email : _____

Website : _____

Username : _____

Password : _____

NOTES :

Email :

Website :

Username :

Password :

NOTES :

Email :

Website :

Username :

Password :

NOTES :

Email :

Website :

Username :

Password :

NOTES :

Email :

Website :

Username :

Password :

NOTES :

Email :

Website :

Username :

Password :

NOTES :

Email :

Website :

Username :

Password :

NOTES :

Email :

Website :

Username :

Password :

NOTES :

Email :

Website :

Username :

Password :

NOTES :

Email :

Website :

Username :

Password :

NOTES :

Email :

Website :

Username :

Password :

NOTES :

Email :

Website :

Username :

Password :

NOTES :

Email :

Website :

Username :

Password :

NOTES :

Email :

Website :

Username :

Password :

NOTES :

Email :

Website :

Username :

Password :

NOTES :

Email :

Website :

Username :

Password :

NOTES :

Email :

Website :

Username :

Password :

NOTES :

Email : _____
Website : _____
Username : _____
Password : _____

NOTES :

Email : _____
Website : _____
Username : _____
Password : _____

NOTES :

Email : _____
Website : _____
Username : _____
Password : _____

NOTES :

Email : _____
Website : _____
Username : _____
Password : _____

NOTES :

Email : _____
Website : _____
Username : _____
Password : _____

NOTES :

Email : _____
Website : _____
Username : _____
Password : _____

NOTES :

Email : _____
Website : _____
Username : _____
Password : _____

NOTES :

Email : _____
Website : _____
Username : _____
Password : _____

NOTES :

Email : _____

Website : _____

Username : _____

Password : _____

NOTES :

Email : _____

Website : _____

Username : _____

Password : _____

NOTES :

Email : _____

Website : _____

Username : _____

Password : _____

NOTES :

Email : _____

Website : _____

Username : _____

Password : _____

NOTES :

Email : _____

Website : _____

Username : _____

Password : _____

NOTES :

Email : _____

Website : _____

Username : _____

Password : _____

NOTES :

Email : _____

Website : _____

Username : _____

Password : _____

NOTES :

Email : _____

Website : _____

Username : _____

Password : _____

NOTES :

Email : _____

Website : _____

Username : _____

Password : _____

NOTES :

Email : _____

Website : _____

Username : _____

Password : _____

NOTES :

Email : _____

Website : _____

Username : _____

Password : _____

NOTES :

Email : _____

Website : _____

Username : _____

Password : _____

NOTES :

Email : _____

Website : _____

Username : _____

Password : _____

NOTES :

Email : _____

Website : _____

Username : _____

Password : _____

NOTES :

Email : _____

Website : _____

Username : _____

Password : _____

NOTES :

Email : _____

Website : _____

Username : _____

Password : _____

NOTES :

Email : _____

Website : _____

Username : _____

Password : _____

NOTES :

Email : _____

Website : _____

Username : _____

Password : _____

NOTES :

Email : _____

Website : _____

Username : _____

Password : _____

NOTES :

Email : _____

Website : _____

Username : _____

Password : _____

NOTES :

Email : _____

Website : _____

Username : _____

Password : _____

NOTES :

Email : _____

Website : _____

Username : _____

Password : _____

NOTES :

Email : _____

Website : _____

Username : _____

Password : _____

NOTES :

Email : _____

Website : _____

Username : _____

Password : _____

NOTES :

Email : _____
Website : _____
Username : _____
Password : _____
NOTES :

Email : _____
Website : _____
Username : _____
Password : _____
NOTES :

Email : _____
Website : _____
Username : _____
Password : _____
NOTES :

Email : _____
Website : _____
Username : _____
Password : _____
NOTES :

Email : _____
Website : _____
Username : _____
Password : _____
NOTES :

Email : _____
Website : _____
Username : _____
Password : _____
NOTES :

Email : _____
Website : _____
Username : _____
Password : _____
NOTES :

Email : _____
Website : _____
Username : _____
Password : _____
NOTES :

Email : _____

Website : _____

Username : _____

Password : _____

NOTES :

Email : _____

Website : _____

Username : _____

Password : _____

NOTES :

Email : _____

Website : _____

Username : _____

Password : _____

NOTES :

Email : _____

Website : _____

Username : _____

Password : _____

NOTES :

Email : _____

Website : _____

Username : _____

Password : _____

NOTES :

Email : _____

Website : _____

Username : _____

Password : _____

NOTES :

Email : _____

Website : _____

Username : _____

Password : _____

NOTES :

Email : _____

Website : _____

Username : _____

Password : _____

NOTES :

Email : _____

Website : _____

Username : _____

Password : _____

NOTES :

Email : _____

Website : _____

Username : _____

Password : _____

NOTES :

Email : _____

Website : _____

Username : _____

Password : _____

NOTES :

Email : _____

Website : _____

Username : _____

Password : _____

NOTES :

Email : _____

Website : _____

Username : _____

Password : _____

NOTES :

Email : _____

Website : _____

Username : _____

Password : _____

NOTES :

Email : _____

Website : _____

Username : _____

Password : _____

NOTES :

Email : _____

Website : _____

Username : _____

Password : _____

NOTES :

Email :

Website :

Username :

Password :

NOTES :

Email :

Website :

Username :

Password :

NOTES :

Email :

Website :

Username :

Password :

NOTES :

Email :

Website :

Username :

Password :

NOTES :

Email :

Website :

Username :

Password :

NOTES :

Email :

Website :

Username :

Password :

NOTES :

Email :

Website :

Username :

Password :

NOTES :

Email :

Website :

Username :

Password :

NOTES :

Email : _____

Website : _____

Username : _____

Password : _____

NOTES :

Email : _____

Website : _____

Username : _____

Password : _____

NOTES :

Email : _____

Website : _____

Username : _____

Password : _____

NOTES :

Email : _____

Website : _____

Username : _____

Password : _____

NOTES :

Email : _____

Website : _____

Username : _____

Password : _____

NOTES :

Email : _____

Website : _____

Username : _____

Password : _____

NOTES :

Email : _____

Website : _____

Username : _____

Password : _____

NOTES :

Email : _____

Website : _____

Username : _____

Password : _____

NOTES :

Email : _____

Website : _____

Username : _____

Password : _____

NOTES :

Email : _____

Website : _____

Username : _____

Password : _____

NOTES :

Email : _____

Website : _____

Username : _____

Password : _____

NOTES :

Email : _____

Website : _____

Username : _____

Password : _____

NOTES :

Email : _____

Website : _____

Username : _____

Password : _____

NOTES :

Email : _____

Website : _____

Username : _____

Password : _____

NOTES :

Email : _____

Website : _____

Username : _____

Password : _____

NOTES :

Email : _____

Website : _____

Username : _____

Password : _____

NOTES :

Email : _____

Website : _____

Username : _____

Password : _____

NOTES :

Email : _____

Website : _____

Username : _____

Password : _____

NOTES :

Email : _____

Website : _____

Username : _____

Password : _____

NOTES :

Email : _____

Website : _____

Username : _____

Password : _____

NOTES :

Email : _____

Website : _____

Username : _____

Password : _____

NOTES :

Email : _____

Website : _____

Username : _____

Password : _____

NOTES :

Email : _____

Website : _____

Username : _____

Password : _____

NOTES :

Email : _____

Website : _____

Username : _____

Password : _____

NOTES :

Email : _____

Website : _____

Username : _____

Password : _____

NOTES :

Email : _____

Website : _____

Username : _____

Password : _____

NOTES :

Email : _____

Website : _____

Username : _____

Password : _____

NOTES :

Email : _____

Website : _____

Username : _____

Password : _____

NOTES :

Email : _____

Website : _____

Username : _____

Password : _____

NOTES :

Email : _____

Website : _____

Username : _____

Password : _____

NOTES :

Email : _____

Website : _____

Username : _____

Password : _____

NOTES :

Email : _____

Website : _____

Username : _____

Password : _____

NOTES :

Email : _____

Website : _____

Username : _____

Password : _____

NOTES :

Email : _____

Website : _____

Username : _____

Password : _____

NOTES :

Email : _____

Website : _____

Username : _____

Password : _____

NOTES :

Email : _____

Website : _____

Username : _____

Password : _____

NOTES :

Email : _____

Website : _____

Username : _____

Password : _____

NOTES :

Email : _____

Website : _____

Username : _____

Password : _____

NOTES :

Email : _____

Website : _____

Username : _____

Password : _____

NOTES :

Email : _____

Website : _____

Username : _____

Password : _____

NOTES :

Email :

Website :

Username :

Password :

NOTES :

Email :

Website :

Username :

Password :

NOTES :

Email :

Website :

Username :

Password :

NOTES :

Email :

Website :

Username :

Password :

NOTES :

Email :

Website :

Username :

Password :

NOTES :

Email :

Website :

Username :

Password :

NOTES :

Email :

Website :

Username :

Password :

NOTES :

Email :

Website :

Username :

Password :

NOTES :

Email : _____

Website : _____

Username : _____

Password : _____

> NOTES :

Email : _____

Website : _____

Username : _____

Password : _____

> NOTES :

Email : _____

Website : _____

Username : _____

Password : _____

> NOTES :

Email : _____

Website : _____

Username : _____

Password : _____

> NOTES :

Email : _____

Website : _____

Username : _____

Password : _____

> NOTES :

Email : _____

Website : _____

Username : _____

Password : _____

> NOTES :

Email : _____

Website : _____

Username : _____

Password : _____

> NOTES :

Email : _____

Website : _____

Username : _____

Password : _____

> NOTES :

Email : _____

Website : _____

Username : _____

Password : _____

NOTES :

Email : _____

Website : _____

Username : _____

Password : _____

NOTES :

Email : _____

Website : _____

Username : _____

Password : _____

NOTES :

Email : _____

Website : _____

Username : _____

Password : _____

NOTES :

Email : _____

Website : _____

Username : _____

Password : _____

NOTES :

Email : _____

Website : _____

Username : _____

Password : _____

NOTES :

Email : _____

Website : _____

Username : _____

Password : _____

NOTES :

Email : _____

Website : _____

Username : _____

Password : _____

NOTES :

Email : _____   Email : _____

Website : _____   Website : _____

Username : _____   Username : _____

Password : _____   Password : _____

```
        NOTES :                                  NOTES :



```

Email : _____   Email : _____

Website : _____   Website : _____

Username : _____   Username : _____

Password : _____   Password : _____

```
        NOTES :                                  NOTES :



```

Email : _____   Email : _____

Website : _____   Website : _____

Username : _____   Username : _____

Password : _____   Password : _____

```
        NOTES :                                  NOTES :



```

Email : _____   Email : _____

Website : _____   Website : _____

Username : _____   Username : _____

Password : _____   Password : _____

```
        NOTES :                                  NOTES :



```

Email : _____
Website : _____
Username : _____
Password : _____
NOTES :

Email : _____
Website : _____
Username : _____
Password : _____
NOTES :

Email : _____
Website : _____
Username : _____
Password : _____
NOTES :

Email : _____
Website : _____
Username : _____
Password : _____
NOTES :

Email : _____
Website : _____
Username : _____
Password : _____
NOTES :

Email : _____
Website : _____
Username : _____
Password : _____
NOTES :

Email : _____
Website : _____
Username : _____
Password : _____
NOTES :

Email : _____
Website : _____
Username : _____
Password : _____
NOTES :

Email : _____

Website : _____

Username : _____

Password : _____

┌─────────────────────────────┐
│   NOTES :   │
│   │
│   │
│   │
└─────────────────────────────┘

Email : _____

Website : _____

Username : _____

Password : _____

┌─────────────────────────────┐
│   NOTES :   │
│   │
│   │
│   │
└─────────────────────────────┘

Email : _____

Website : _____

Username : _____

Password : _____

┌─────────────────────────────┐
│   NOTES :   │
│   │
│   │
│   │
└─────────────────────────────┘

Email : _____

Website : _____

Username : _____

Password : _____

┌─────────────────────────────┐
│   NOTES :   │
│   │
│   │
│   │
└─────────────────────────────┘

Email : _____

Website : _____

Username : _____

Password : _____

┌─────────────────────────────┐
│   NOTES :   │
│   │
│   │
│   │
└─────────────────────────────┘

Email : _____

Website : _____

Username : _____

Password : _____

┌─────────────────────────────┐
│   NOTES :   │
│   │
│   │
│   │
└─────────────────────────────┘

Email : _____

Website : _____

Username : _____

Password : _____

┌─────────────────────────────┐
│   NOTES :   │
│   │
│   │
│   │
└─────────────────────────────┘

Email : _____

Website : _____

Username : _____

Password : _____

┌─────────────────────────────┐
│   NOTES :   │
│   │
│   │
│   │
└─────────────────────────────┘

Email : _____

Website : _____

Username : _____

Password : _____

NOTES :

Email : _____

Website : _____

Username : _____

Password : _____

NOTES :

Email : _____

Website : _____

Username : _____

Password : _____

NOTES :

Email : _____

Website : _____

Username : _____

Password : _____

NOTES :

Email : _____

Website : _____

Username : _____

Password : _____

NOTES :

Email : _____

Website : _____

Username : _____

Password : _____

NOTES :

Email : _____

Website : _____

Username : _____

Password : _____

NOTES :

Email : _____

Website : _____

Username : _____

Password : _____

NOTES :

Email :

Website :

Username :

Password :

NOTES :

Email :

Website :

Username :

Password :

NOTES :

Email :

Website :

Username :

Password :

NOTES :

Email :

Website :

Username :

Password :

NOTES :

Email :

Website :

Username :

Password :

NOTES :

Email :

Website :

Username :

Password :

NOTES :

Email :

Website :

Username :

Password :

NOTES :

Email :

Website :

Username :

Password :

NOTES :

Email :

Website :

Username :

Password :

NOTES :

Email :

Website :

Username :

Password :

NOTES :

Email :

Website :

Username :

Password :

NOTES :

Email :

Website :

Username :

Password :

NOTES :

Email :

Website :

Username :

Password :

NOTES :

Email :

Website :

Username :

Password :

NOTES :

Email :

Website :

Username :

Password :

NOTES :

Email :

Website :

Username :

Password :

NOTES :

Email : _____

Website : _____

Username : _____

Password : _____

> NOTES :

Email : _____

Website : _____

Username : _____

Password : _____

> NOTES :

Email : _____

Website : _____

Username : _____

Password : _____

> NOTES :

Email : _____

Website : _____

Username : _____

Password : _____

> NOTES :

Email : _____

Website : _____

Username : _____

Password : _____

> NOTES :

Email : _____

Website : _____

Username : _____

Password : _____

> NOTES :

Email : _____

Website : _____

Username : _____

Password : _____

> NOTES :

Email : _____

Website : _____

Username : _____

Password : _____

> NOTES :

Email : _____
Website : _____
Username : _____
Password : _____

NOTES :

Email : _____
Website : _____
Username : _____
Password : _____

NOTES :

Email : _____
Website : _____
Username : _____
Password : _____

NOTES :

Email : _____
Website : _____
Username : _____
Password : _____

NOTES :

Email : _____
Website : _____
Username : _____
Password : _____

NOTES :

Email : _____
Website : _____
Username : _____
Password : _____

NOTES :

Email : _____
Website : _____
Username : _____
Password : _____

NOTES :

Email : _____
Website : _____
Username : _____
Password : _____

NOTES :

Email : _____
Website : _____
Username : _____
Password : _____

```
                    NOTES :



```

Email : _____
Website : _____
Username : _____
Password : _____

```
                    NOTES :



```

Email : _____
Website : _____
Username : _____
Password : _____

```
                    NOTES :



```

Email : _____
Website : _____
Username : _____
Password : _____

```
                    NOTES :



```

Email : _____
Website : _____
Username : _____
Password : _____

```
                    NOTES :



```

Email : _____
Website : _____
Username : _____
Password : _____

```
                    NOTES :



```

Email : _____
Website : _____
Username : _____
Password : _____

```
                    NOTES :



```

Email : _____
Website : _____
Username : _____
Password : _____

```
                    NOTES :



```

Email : _____

Website : _____

Username : _____

Password : _____

> NOTES :

Email : _____

Website : _____

Username : _____

Password : _____

> NOTES :

Email : _____

Website : _____

Username : _____

Password : _____

> NOTES :

Email : _____

Website : _____

Username : _____

Password : _____

> NOTES :

Email : _____

Website : _____

Username : _____

Password : _____

> NOTES :

Email : _____

Website : _____

Username : _____

Password : _____

> NOTES :

Email : _____

Website : _____

Username : _____

Password : _____

> NOTES :

Email : _____

Website : _____

Username : _____

Password : _____

> NOTES :

Email :

Website :

Username :

Password :

NOTES :

Email :

Website :

Username :

Password :

NOTES :

Email :

Website :

Username :

Password :

NOTES :

Email :

Website :

Username :

Password :

NOTES :

Email :

Website :

Username :

Password :

NOTES :

Email :

Website :

Username :

Password :

NOTES :

Email :

Website :

Username :

Password :

NOTES :

Email :

Website :

Username :

Password :

NOTES :

Email : _____

Website : _____

Username : _____

Password : _____

NOTES :

Email : _____

Website : _____

Username : _____

Password : _____

NOTES :

Email : _____

Website : _____

Username : _____

Password : _____

NOTES :

Email : _____

Website : _____

Username : _____

Password : _____

NOTES :

Email : _____

Website : _____

Username : _____

Password : _____

NOTES :

Email : _____

Website : _____

Username : _____

Password : _____

NOTES :

Email : _____

Website : _____

Username : _____

Password : _____

NOTES :

Email : _____

Website : _____

Username : _____

Password : _____

NOTES :

Email :

Website :

Username :

Password :

NOTES :

Email :

Website :

Username :

Password :

NOTES :

Email :

Website :

Username :

Password :

NOTES :

Email :

Website :

Username :

Password :

NOTES :

Email :

Website :

Username :

Password :

NOTES :

Email :

Website :

Username :

Password :

NOTES :

Email :

Website :

Username :

Password :

NOTES :

Email :

Website :

Username :

Password :

NOTES :

Email : _____

Website : _____

Username : _____

Password : _____

NOTES :

Email : _____

Website : _____

Username : _____

Password : _____

NOTES :

Email : _____

Website : _____

Username : _____

Password : _____

NOTES :

Email : _____

Website : _____

Username : _____

Password : _____

NOTES :

Email : _____

Website : _____

Username : _____

Password : _____

NOTES :

Email : _____

Website : _____

Username : _____

Password : _____

NOTES :

Email : _____

Website : _____

Username : _____

Password : _____

NOTES :

Email : _____

Website : _____

Username : _____

Password : _____

NOTES :

Email : _____

Website : _____

Username : _____

Password : _____

NOTES :

Email : _____

Website : _____

Username : _____

Password : _____

NOTES :

Email : _____

Website : _____

Username : _____

Password : _____

NOTES :

Email : _____

Website : _____

Username : _____

Password : _____

NOTES :

Email : _____

Website : _____

Username : _____

Password : _____

NOTES :

Email : _____

Website : _____

Username : _____

Password : _____

NOTES :

Email : _____

Website : _____

Username : _____

Password : _____

NOTES :

Email : _____

Website : _____

Username : _____

Password : _____

NOTES :

Email : _____

Website : _____

Username : _____

Password : _____

NOTES :

Email : _____

Website : _____

Username : _____

Password : _____

NOTES :

Email : _____

Website : _____

Username : _____

Password : _____

NOTES :

Email : _____

Website : _____

Username : _____

Password : _____

NOTES :

Email : _____

Website : _____

Username : _____

Password : _____

NOTES :

Email : _____

Website : _____

Username : _____

Password : _____

NOTES :

Email : _____

Website : _____

Username : _____

Password : _____

NOTES :

Email : _____

Website : _____

Username : _____

Password : _____

NOTES :

Email :

Website :

Username :

Password :

NOTES :

Email :

Website :

Username :

Password :

NOTES :

Email :

Website :

Username :

Password :

NOTES :

Email :

Website :

Username :

Password :

NOTES :

Email :

Website :

Username :

Password :

NOTES :

Email :

Website :

Username :

Password :

NOTES :

Email :

Website :

Username :

Password :

NOTES :

Email :

Website :

Username :

Password :

NOTES :

Email : _____

Website : _____

Username : _____

Password : _____

NOTES :

Email : _____

Website : _____

Username : _____

Password : _____

NOTES :

Email : _____

Website : _____

Username : _____

Password : _____

NOTES :

Email : _____

Website : _____

Username : _____

Password : _____

NOTES :

Email : _____

Website : _____

Username : _____

Password : _____

NOTES :

Email : _____

Website : _____

Username : _____

Password : _____

NOTES :

Email : _____

Website : _____

Username : _____

Password : _____

NOTES :

Email : _____

Website : _____

Username : _____

Password : _____

NOTES :

Email :

Website :

Username :

Password :

NOTES :

Email :

Website :

Username :

Password :

NOTES :

Email :

Website :

Username :

Password :

NOTES :

Email :

Website :

Username :

Password :

NOTES :

Email :

Website :

Username :

Password :

NOTES :

Email :

Website :

Username :

Password :

NOTES :

Email :

Website :

Username :

Password :

NOTES :

Email :

Website :

Username :

Password :

NOTES :

Email : _____

Website : _____

Username : _____

Password : _____

NOTES :

Email : _____

Website : _____

Username : _____

Password : _____

NOTES :

Email : _____

Website : _____

Username : _____

Password : _____

NOTES :

Email : _____

Website : _____

Username : _____

Password : _____

NOTES :

Email : _____

Website : _____

Username : _____

Password : _____

NOTES :

Email : _____

Website : _____

Username : _____

Password : _____

NOTES :

Email : _____

Website : _____

Username : _____

Password : _____

NOTES :

Email : _____

Website : _____

Username : _____

Password : _____

NOTES :

Email : _____
Website : _____
Username : _____
Password : _____
NOTES :

Email : _____
Website : _____
Username : _____
Password : _____
NOTES :

Email : _____
Website : _____
Username : _____
Password : _____
NOTES :

Email : _____
Website : _____
Username : _____
Password : _____
NOTES :

Email : _____
Website : _____
Username : _____
Password : _____
NOTES :

Email : _____
Website : _____
Username : _____
Password : _____
NOTES :

Email : _____
Website : _____
Username : _____
Password : _____
NOTES :

Email : _____
Website : _____
Username : _____
Password : _____
NOTES :

Email : _____

Website : _____

Username : _____

Password : _____

NOTES :

Email : _____

Website : _____

Username : _____

Password : _____

NOTES :

Email : _____

Website : _____

Username : _____

Password : _____

NOTES :

Email : _____

Website : _____

Username : _____

Password : _____

NOTES :

Email : _____

Website : _____

Username : _____

Password : _____

NOTES :

Email : _____

Website : _____

Username : _____

Password : _____

NOTES :

Email : _____

Website : _____

Username : _____

Password : _____

NOTES :

Email : _____

Website : _____

Username : _____

Password : _____

NOTES :

Email : _____

Website : _____

Username : _____

Password : _____

NOTES :

Email : _____

Website : _____

Username : _____

Password : _____

NOTES :

Email : _____

Website : _____

Username : _____

Password : _____

NOTES :

Email : _____

Website : _____

Username : _____

Password : _____

NOTES :

Email : _____

Website : _____

Username : _____

Password : _____

NOTES :

Email : _____

Website : _____

Username : _____

Password : _____

NOTES :

Email : _____

Website : _____

Username : _____

Password : _____

NOTES :

Email : _____

Website : _____

Username : _____

Password : _____

NOTES :

Email : _____

Website : _____

Username : _____

Password : _____

NOTES :

Email : _____

Website : _____

Username : _____

Password : _____

NOTES :

Email : _____

Website : _____

Username : _____

Password : _____

NOTES :

Email : _____

Website : _____

Username : _____

Password : _____

NOTES :

Email : _____

Website : _____

Username : _____

Password : _____

NOTES :

Email : _____

Website : _____

Username : _____

Password : _____

NOTES :

Email : _____

Website : _____

Username : _____

Password : _____

NOTES :

Email : _____

Website : _____

Username : _____

Password : _____

NOTES :

Email : _____   Email : _____

Website : _____   Website : _____

Username : _____   Username : _____

Password : _____   Password : _____

NOTES :		NOTES :

Email : _____   Email : _____

Website : _____   Website : _____

Username : _____   Username : _____

Password : _____   Password : _____

NOTES :		NOTES :

Email : _____   Email : _____

Website : _____   Website : _____

Username : _____   Username : _____

Password : _____   Password : _____

NOTES :		NOTES :

Email : _____   Email : _____

Website : _____   Website : _____

Username : _____   Username : _____

Password : _____   Password : _____

NOTES :		NOTES :

Email : _____

Website : _____

Username : _____

Password : _____

NOTES :

Email : _____

Website : _____

Username : _____

Password : _____

NOTES :

Email : _____

Website : _____

Username : _____

Password : _____

NOTES :

Email : _____

Website : _____

Username : _____

Password : _____

NOTES :

Email : _____

Website : _____

Username : _____

Password : _____

NOTES :

Email : _____

Website : _____

Username : _____

Password : _____

NOTES :

Email : _____

Website : _____

Username : _____

Password : _____

NOTES :

Email : _____

Website : _____

Username : _____

Password : _____

NOTES :

Email : _____

Website : _____

Username : _____

Password : _____

NOTES :

Email : _____

Website : _____

Username : _____

Password : _____

NOTES :

Email : _____

Website : _____

Username : _____

Password : _____

NOTES :

Email : _____

Website : _____

Username : _____

Password : _____

NOTES :

Email : _____

Website : _____

Username : _____

Password : _____

NOTES :

Email : _____

Website : _____

Username : _____

Password : _____

NOTES :

Email : _____

Website : _____

Username : _____

Password : _____

NOTES :

Email : _____

Website : _____

Username : _____

Password : _____

NOTES :

Email :

Website :

Username :

Password :

NOTES :

Email :

Website :

Username :

Password :

NOTES :

Email :

Website :

Username :

Password :

NOTES :

Email :

Website :

Username :

Password :

NOTES :

Email :

Website :

Username :

Password :

NOTES :

Email :

Website :

Username :

Password :

NOTES :

Email :

Website :

Username :

Password :

NOTES :

Email :

Website :

Username :

Password :

NOTES :

Email :

Website :

Username :

Password :

NOTES :

Email :

Website :

Username :

Password :

NOTES :

Email :

Website :

Username :

Password :

NOTES :

Email :

Website :

Username :

Password :

NOTES :

Email :

Website :

Username :

Password :

NOTES :

Email :

Website :

Username :

Password :

NOTES :

Email :

Website :

Username :

Password :

NOTES :

Email :

Website :

Username :

Password :

NOTES :

Email : _____

Website : _____

Username : _____

Password : _____

NOTES :

Email : _____

Website : _____

Username : _____

Password : _____

NOTES :

Email : _____

Website : _____

Username : _____

Password : _____

NOTES :

Email : _____

Website : _____

Username : _____

Password : _____

NOTES :

Email : _____

Website : _____

Username : _____

Password : _____

NOTES :

Email : _____

Website : _____

Username : _____

Password : _____

NOTES :

Email : _____

Website : _____

Username : _____

Password : _____

NOTES :

Email : _____

Website : _____

Username : _____

Password : _____

NOTES :

Email : _____

Website : _____

Username : _____

Password : _____

NOTES :

Email : _____

Website : _____

Username : _____

Password : _____

NOTES :

Email : _____

Website : _____

Username : _____

Password : _____

NOTES :

Email : _____

Website : _____

Username : _____

Password : _____

NOTES :

Email : _____

Website : _____

Username : _____

Password : _____

NOTES :

Email : _____

Website : _____

Username : _____

Password : _____

NOTES :

Email : _____

Website : _____

Username : _____

Password : _____

NOTES :

Email : _____

Website : _____

Username : _____

Password : _____

NOTES :

Email : _____

Website : _____

Username : _____

Password : _____

NOTES :

Email : _____

Website : _____

Username : _____

Password : _____

NOTES :

Email : _____

Website : _____

Username : _____

Password : _____

NOTES :

Email : _____

Website : _____

Username : _____

Password : _____

NOTES :

Email : _____

Website : _____

Username : _____

Password : _____

NOTES :

Email : _____

Website : _____

Username : _____

Password : _____

NOTES :

Email : _____

Website : _____

Username : _____

Password : _____

NOTES :

Email : _____

Website : _____

Username : _____

Password : _____

NOTES :

Email : _____

Website : _____

Username : _____

Password : _____

NOTES :

Email : _____

Website : _____

Username : _____

Password : _____

NOTES :

Email : _____

Website : _____

Username : _____

Password : _____

NOTES :

Email : _____

Website : _____

Username : _____

Password : _____

NOTES :

Email : _____

Website : _____

Username : _____

Password : _____

NOTES :

Email : _____

Website : _____

Username : _____

Password : _____

NOTES :

Email : _____

Website : _____

Username : _____

Password : _____

NOTES :

Email : _____

Website : _____

Username : _____

Password : _____

NOTES :

Email : _____

Website : _____

Username : _____

Password : _____

NOTES :

Email : _____

Website : _____

Username : _____

Password : _____

NOTES :

Email : _____

Website : _____

Username : _____

Password : _____

NOTES :

Email : _____

Website : _____

Username : _____

Password : _____

NOTES :

Email : _____

Website : _____

Username : _____

Password : _____

NOTES :

Email : _____

Website : _____

Username : _____

Password : _____

NOTES :

Email : _____

Website : _____

Username : _____

Password : _____

NOTES :

Email : _____

Website : _____

Username : _____

Password : _____

NOTES :

Email :

Website :

Username :

Password :

NOTES :

Email :

Website :

Username :

Password :

NOTES :

Email :

Website :

Username :

Password :

NOTES :

Email :

Website :

Username :

Password :

NOTES :

Email :

Website :

Username :

Password :

NOTES :

Email :

Website :

Username :

Password :

NOTES :

Email :

Website :

Username :

Password :

NOTES :

Email :

Website :

Username :

Password :

NOTES :

Email : _____
Website : _____
Username : _____
Password : _____

NOTES :

Email : _____
Website : _____
Username : _____
Password : _____

NOTES :

Email : _____
Website : _____
Username : _____
Password : _____

NOTES :

Email : _____
Website : _____
Username : _____
Password : _____

NOTES :

Email : _____
Website : _____
Username : _____
Password : _____

NOTES :

Email : _____
Website : _____
Username : _____
Password : _____

NOTES :

Email : _____
Website : _____
Username : _____
Password : _____

NOTES :

Email : _____
Website : _____
Username : _____
Password : _____

NOTES :

Email : _____

Website : _____

Username : _____

Password : _____

NOTES :

Email : _____

Website : _____

Username : _____

Password : _____

NOTES :

Email : _____

Website : _____

Username : _____

Password : _____

NOTES :

Email : _____

Website : _____

Username : _____

Password : _____

NOTES :

Email : _____

Website : _____

Username : _____

Password : _____

NOTES :

Email : _____

Website : _____

Username : _____

Password : _____

NOTES :

Email : _____

Website : _____

Username : _____

Password : _____

NOTES :

Email : _____

Website : _____

Username : _____

Password : _____

NOTES :

Email : _____

Website : _____

Username : _____

Password : _____

NOTES :

Email : _____

Website : _____

Username : _____

Password : _____

NOTES :

Email : _____

Website : _____

Username : _____

Password : _____

NOTES :

Email : _____

Website : _____

Username : _____

Password : _____

NOTES :

Email : _____

Website : _____

Username : _____

Password : _____

NOTES :

Email : _____

Website : _____

Username : _____

Password : _____

NOTES :

Email : _____

Website : _____

Username : _____

Password : _____

NOTES :

Email : _____

Website : _____

Username : _____

Password : _____

NOTES :

Email : _____

Website : _____

Username : _____

Password : _____

NOTES :

Email : _____

Website : _____

Username : _____

Password : _____

NOTES :

Email : _____

Website : _____

Username : _____

Password : _____

NOTES :

Email : _____

Website : _____

Username : _____

Password : _____

NOTES :

Email : _____

Website : _____

Username : _____

Password : _____

NOTES :

Email : _____

Website : _____

Username : _____

Password : _____

NOTES :

Email : _____

Website : _____

Username : _____

Password : _____

NOTES :

Email : _____

Website : _____

Username : _____

Password : _____

NOTES :

Email :

Website :

Username :

Password :

NOTES :

Email :

Website :

Username :

Password :

NOTES :

Email :

Website :

Username :

Password :

NOTES :

Email :

Website :

Username :

Password :

NOTES :

Email :

Website :

Username :

Password :

NOTES :

Email :

Website :

Username :

Password :

NOTES :

Email :

Website :

Username :

Password :

NOTES :

Email :

Website :

Username :

Password :

NOTES :

Email : _____

Website : _____

Username : _____

Password : _____

NOTES :

Email : _____

Website : _____

Username : _____

Password : _____

NOTES :

Email : _____

Website : _____

Username : _____

Password : _____

NOTES :

Email : _____

Website : _____

Username : _____

Password : _____

NOTES :

Email : _____

Website : _____

Username : _____

Password : _____

NOTES :

Email : _____

Website : _____

Username : _____

Password : _____

NOTES :

Email : _____

Website : _____

Username : _____

Password : _____

NOTES :

Email : _____

Website : _____

Username : _____

Password : _____

NOTES :

Email :

Website :

Username :

Password :

NOTES :

Email :

Website :

Username :

Password :

NOTES :

Email :

Website :

Username :

Password :

NOTES :

Email :

Website :

Username :

Password :

NOTES :

Email :

Website :

Username :

Password :

NOTES :

Email :

Website :

Username :

Password :

NOTES :

Email :

Website :

Username :

Password :

NOTES :

Email :

Website :

Username :

Password :

NOTES :

Email :

Website :

Username :

Password :

NOTES :

Email :

Website :

Username :

Password :

NOTES :

Email :

Website :

Username :

Password :

NOTES :

Email :

Website :

Username :

Password :

NOTES :

Email :

Website :

Username :

Password :

NOTES :

Email :

Website :

Username :

Password :

NOTES :

Email :

Website :

Username :

Password :

NOTES :

Email :

Website :

Username :

Password :

NOTES :

Made in the USA
Monee, IL
18 October 2021